AF300543

Der große Lockdown 2020

Eine Chronik über 34 Tage

von Kai M. Staffel

1. Auflage
ISBN: 9783753406060

Cover design und Layout: Kai M. Staffel

Manufactured and published by BoD – Books on Demand,
Norderstedt, Germany

Die Deutsche Nationalbibliothek verzeichnet diese
Publikation in der Deutschen Nationalbibliografie

Der große Lockdown 2020

Es ist wichtig, den Ablauf und die Interpretation um den ersten Corona-Lockdown in Wort und Bild festzuhalten und ein möglichst authentisches Bild der Tage zwischen dem 17. März und dem 19. April zu geben. Um dieses möglichst authentische Bild einzufangen, hat ein Team von Fotografen in den den Städten Hamburg, Berlin, Köln, Zürich und Wien die Lage vor Ort dokumentarisch festgehalten: Geschlossene Geschäfte, Aufforderung zum Maskentragen, verzweifelte Menschen, leere Innenstädte und viele andere Besonderheiten, neue Alltäglichkeiten dieser Wochen des Ausnahmezustands. Ebenso findet man aber auch Zeichen von Solidarität, spontane Hilfstätigkeit und anrührende Anteilnahme.

Kaum jemand hätte gedacht, dass eine Pandemie nach nur wenigen Monaten die moderne Welt so radikal verändern konnte. Spätere Generationen werden fragen, wie es gewesen war, ohne dem üblichen Konsum zu überleben, ohne Kino und Theater seine Freizeit zu verbringen und schließlich ohne geregelte Arbeit über den Tag, über die Wochen und über die Monate zu kommen. "Das war Corona. Eine Chronik über 34 Tage" möchte etwas einfangen von der Macht der Veränderung, von den Ängsten, von der Ausnahmesituation, die die gesamte Welt für einen Moment still stehen ließ. Vom Zweiten Weltkrieg oder von der Globalisierung waren, wenn man genauer hinsieht, lange nicht alle Personen betroffen - erst die Corona-Epidemie war mit all ihren wirtschaftlichen, gesundheitlichen, sozialen und kulturellen Folgen das erste weltweite Gesamtereignis, das die Erde kleiner, fragiler und zusammenhängender machte, oder wie man es damals ausdrückte: das Virus kennt keine Grenzen.

Tabelle 1: Sprachliche Häufigkeiten seit Corona

Orte: Heinsberg, Bergamo, Ischgl, Wuhan

Virologie: Quarantäne, Kontaktpersonen, Infektionskette, Tröpcheninfektion, R-Wert, Inzidenzwert, Contakt-Tracing, Nachverfolgung, Testkapazitäten, PCR-Test, Antikörpertest, Schnelltest, Nationale Teststrategie, Remdevisir, Herdenimmunität, mRNA-Impfstoff, Impfstrategie

Verhalten: Selbstisolation, Selbstquarantäne, Kontaktbeschränkung, Social Distancing, Mindestabstand, Hygienekonzept, Mund-Nasen-Schutz, AHA-Regeln, Corona-App, Maskenpflicht, Hepafilter, FFP2-Maske, FFP3-Maske

Protestkultur: Maskenmuffel, Covidiot, Coronaskeptiker, Hygienedemo, Infodemie, Querdenker, Pandemiemüdigkeit, Attila Hildmann

Gesundheit: Risikogruppe, Hochrisikogruppe, Beatmungsgerät, Triage, Intensivkapazitäten, Übersterblichkeit, Pflegenotstand

Wissenschaft: Anthony Fauci, Johns-Hopkins-Universität, Hendrik Streeck, Christian Drosten, RKI, Alexander Kekulé

Touristik: Risikogebiet, Reisewarnung, Beherbergungsverbot, Reiserückkehrer

Sozialverhalten: Lockdown, Shutdown, Hamsterkäufe, 800 Quadratmeterregel, Geisterspiele, Teillockdown, der Schwedische Weg

Arbeitswelt: Homeoffice, Zoom, Soforthilfe, Überbrückungskredit, Überbrückungshilfe, Regelbetrieb, Homeschooling, Schulschließung, Systemrelevant, Kontaktsport, Skype

Erste Anfänge in China und die Folgen

Die COVID-19-Pandemie ist ein weltweiter Ausbruch der neu aufgetretenen Atemwegserkrankung „Covid-19", wobei, was gar nicht so bekannt ist, die „19" für das Jahr des Ausbruchs steht, nämlich noch das Jahr 2019. Es begann damals in China: Die Erkrankung war erstmals Ende Dezember 2019 in der Millionenstadt Wuhan auffällig geworden. Im Laufe weniger Wochen entwickelte sie sich im Januar 2020 zur Epidemie, zunächst in China, später weltweit. Da mehrere der zuerst Infizierten auf dem „Wuhan Huanan Großhandelsmarkt für Fische und Meeresfrüchte" (chinesisch 武汉华南海鲜批发市场, Pinyin Wǔhàn huánán hǎixian pifa shìchǎng) als Verkäufer oder Händler arbeiteten, wurde dort der primäre Infektionsort vermutet. Am 30. Dezember warnte ein chinesischer Arzt Li Wenliang innerhalb einer WeChat-Gruppe mit Kollegen angesichts einer ungewöhnlichen Häufung von Lungenentzündungen (Pneumonien) im örtlichen Krankenhaus in Wuhan vor einem neuartigen Virus, von dem er zu diesem Zeitpunkt ausqing, dass es das schwere akute Atemwegssyndrom (SARS) verursache. Nachdem sich die Warnung von Li Wenliang und seinen Kollegen im Internet verbreitet hatte, wurden er und mindestens sieben weitere Personen von der örtlichen Polizei vorgeladen. Sie wurden beschuldigt, unwahre Behauptungen gemacht zu haben, die die gesellschaftliche Ordnung ernsthaft gestört hätten. Unter Androhung harter Strafen mussten sie eine Schweigepflichtserklärung unterschreiben, gegen die Li Wenliang später allerdings verstieß. Am 1. Januar 2020 berichtete die staatliche Nachrichtenagentur Xinhua über die angeblichen Falschmeldungen der Ärzte und bekräftigte, dass es keine Anzeichen für eine Mensch-zu-

Mensch-Übertragung der neuen Erkrankung gebe. Li Wenliang starb am 7. Februar 2020 mit 33 Jahren mutmaßlich an der gleichen Krankheit, vor der er zuvor gewarnt hatte.

Am 31. Dezember 2019 informierten die chinesischen Behörden offiziell die Weltgesundheitsorganisation (WHO), dass seit Anfang Dezember 2019 mehrere Fälle von schwerer Lungenentzündung in der Stadt Wuhan und Umgebung aufgetreten waren, deren Erreger bisher nicht identifiziert werden konnte und für die als Auslöser ein bislang uncharakteristischer neuer Krankheitserreger angenommen werden musste.

Noch am 18. Januar versammelten sich knapp 40.000 Familien in Wuhan ungehindert für Feierlichkeiten zum chinesischen Neujahrsfest. Es wurde vermutet, dass es hierbei zu einer besonders großen Anzahl an weiteren Infektionen kam. Als es dann zu der Abriegelung der Stadt Wuhan, mit der die gesamte Bevölkerung in häusliche Quarantäne versetzt wurde, kam, wurde in der westlichen Presse dieser Schritt als diktatorisch und übertrieben kritisiert. Zu diesem Zeitpunkt, im Januar 2020, glaubten sich viele westliche Staaten geschützt, viele erinnern sich vielleicht, wie der damalige US-Präsident Donald Trump von der „chinesischen Krankheit" sprach und die eigene Bevölkerung für immun hielt. Einige Wochen darauf stellte er die Zahlungen der USA an die Weltgesundheitsorganisation ein mit der Begründung, diese weltweite Organisation würde das Land China zu sehr unterstützen. Um einer Ausbreitung in Staaten ohne leistungsfähige Gesundheitssysteme entgegenzuwirken, rief diese Weltgesundheitsorganisation am 30. Januar 2020 die internationale Gesundheitsnotlage aus. Dieser Tag war gewissermaßen Tag 1 der Pandemie. Schon einige Wochen später schätzte die WHO in ihren Berichten das Risiko auf globaler Ebene als

„sehr hoch" ein. Am 11. März 2020 erklärte die WHO die bisherige Epidemie offiziell zu einer Pandemie, der ersten seit der Pandemie H1N1 2009/10, die sie bald gänzlich in den Schatten stellen sollte.

Die Meldungen überstürzten sich: Am 13. Januar 2020 wurde aus Thailand – und damit jetzt außerhalb der Volksrepublik China – die erste laborbestätigte Infektion mit SARS-CoV-2 gemeldet, am 23. Januar 2020 wurde der erste Infektionsfall außerhalb von Asien in den Vereinigten Staaten von Amerika gemeldet, am 27. Januar wurde die erste Ansteckung in Europa (in Bayern) bekannt. Es gab in all diesen Fällen eine Verbindung zu Reisen nach oder von Wuhan. Am 2. Februar 2020 trat auf den Philippinen der erste Todesfall außerhalb Chinas auf: es handelte sich um einen Chinesen aus Wuhan. Bereits am 9. Februar 2020 überstieg die Zahl der registrierten Todesfälle mit über 800 die Gesamtzahl der Todesfälle der SARS-Pandemie 2002/2003. Am 15. Februar 2020 meldete Frankreich den ersten Todesfall außerhalb Asiens. Am 23. Februar 2020 wurden die ersten beiden Fälle aus Italien gemeldet, die an COVID-19 verstarben. Der WHO-Bericht vom 26. Februar 2020 meldete zu diesem Zeitpunkt mehr Neuinfektionen außerhalb Chinas als innerhalb, mit dem WHO-Bericht vom 16. März 2020 überstieg die Zahl der kumulierten Infektionen außerhalb Chinas (86.434 Fälle) dann die innerhalb Chinas (81.077 Fälle). Gleichzeitig erklärte der WHO-Generaldirektor, dass es sich bislang nicht um eine Pandemie handele, sondern um Epidemien in einzelnen Ländern, denn es gebe bislang keine unkontrollierte globale Ausweitung des Virus. Von einer Pandemie zu sprechen, würde Angst schüren, sei im Prinzip unerheblich und würde keine Menschenleben retten.

Auf dem Weg zum globalen Weltproblem

Am 1. März 2020 gab die WHO erstmals eine Empfehlung für die Verwendung von persönlicher Schutzausrüstung heraus. Diese wurde durch die weltweite Knappheit an Schutzausrüstung wie Atemmasken, Kittel und Augenschutz motiviert. In dem Statement wurde empfohlen, pflegerische Tätigkeit jetzt mit Mund-Nasen-Schutz zu erledigen. Da China inzwischen genügend Masken vorrätig hatte, wurde Europa mit diesem überschüssigem Material versorgt.

Am 7. März 2020 meldete die WHO erstmals über 100.000 Infizierte bei 3.486 Toten weltweit. Am 11. März 2020 stufte die WHO die globale Verbreitung des Coronavirus offiziell als Pandemie ein. Am 19. März wurden erstmals über 200.000 Infizierte bei 8.778 Toten gezählt. Bereits vier Tage später, am 23. März 2020, meldete die WHO schon über 300.000 Infizierte bei 14.510 Toten und nach nur zwei weiteren Tagen, am 25. März 2020, bereits über 400.000 Infizierte bei 18.440 Toten. Italien wurde zunehmend zum neuen Zentrum der Pandemie. Am 19. März wurden hier erstmals mehr Todesopfer gemeldet als in China. Am 23. März 2020 gab es neben China, Italien und Spanien die meisten Infektionsfälle im Iran, in Deutschland, Frankreich und den Vereinigten Staaten von Amerika. Aus China wurden nur noch wenige Neuinfektionen gemeldet. Am 25. März überholte auch Spanien in der Opferzahl China. Nur einen Tag später wurden in den USA erstmals über 100.000 Infizierte gemeldet. Damit entwickelte sich Nordamerika neben Europa und nach China zum neuen Zentrum der Pandemie. Am 2. April 2020 waren über eine Million Fälle in über 200 Ländern bzw. Territorien bekannt. Lediglich 16 souveräne, der UNO angehörende Länder meldeten bis zum 6. April 2020 noch keine Fälle, hierzu gehörten die Komoren und Lesotho in Afrika, Nordkorea, Jemen, Tadschikistan und Turkmenistan in Asien sowie zehn isolierte Inselstaaten in Ozeanien. In zahlreichen Ländern ist die Pandemie inzwischen durch massive Einschnitte in das öffentliche Leben der Gesellschaft und in das Privatleben ihrer Bürger sowie durch eine Wirtschaftskrise gekennzeichnet.

Die Reaktion der Wissenschaft

Die Krankheit COVID-19 und der Krankheitserreger SARS-CoV-2, die in der Volksrepublik China am Jahresende 2019 die Epidemie auslösten, waren vorher nicht bekannt, was nicht heißt, dass es sie nicht schon seit geraumer Zeit gegeben hat. Es mussten daher von der Wissenschaft zunächst wesentliche Erkenntnisse wie den krankmachenden Auslöser ebenso wie die grundlegenden Kennzahlen, die die Gefährlichkeit einer Krankheit bestimmen und die Fakten, die die Verbreitung und möglichen Maßnahmen dagegen betreffen, über die Krankheit gewonnen werden. Gleichzeitig erschwerten die rasante räumliche Ausbreitung und weitere Merkmale der Krankheit (Husten, Atembeschwerden und Fieberanstieg) die Erhebung von genügend genauen Daten, um die Verbreitung, Ausdehnung und Gefährlichkeit wissenschaftlich exakt zu bestimmen, wobei deutlich wurde, wie wenig vernetzt die Wissenschaft tatsächlich ist. Ein besonderes Problem stellte in den ersten Monaten die hohe Infektiosität bereits in der Inkubationszeit vor dem Auftreten von Krankheitssymptomen dar. Zu Beginn gingen die örtlichen

Behörden in China fälschlicherweise nicht von einer Mensch-zu-Mensch-Übertragungen aus, da diese bei einem Erreger, der aus dem Tierreich auf den Menschen übergeht, einer Zoonose, eher die Ausnahme ist. Man meinte, keine solchen Fälle identifiziert zu haben. Wie sich später herausstellte, war diese Annahm falsch, insbesondere, was die Mensch-zu-Mensch-Übertragung und Verbreitung der Krankheit durch Träger ohne oder nur mit sehr leichten Symptomen betraf.

Bei einem Treffen der EU-Gesundheitsminister am 13. Februar 2020 in Brüssel wurde eine enge Zusammenarbeit beschlossen, um den Informationsaustausch, die Beschaffung persönlicher Schutzausrüstungen und die notwendigen Kapazitäten bei Behandlung und Diagnose von COVID-19 sicherzustellen. Es wurden finanzielle Mittel für die Forschung und Entwicklung eines Impfstoffs bereitgestellt. So wurde im Rahmen von Forschungskooperationen zur schnelleren Entschlüsselung des SARS-CoV-2-Virus und der Erforschung von Behandlungsmöglichkeiten die Rechenleistung folgender Supercomputer, des Oka Ridge Summit, Sierra u. a., im COVID-19 High Performance Computing Consortium gebündelt. Die Gesamtrechenleistung betrug 418 Petaflops, unterstützt durch 3,8 Mill. CPU-Kerne, 41.000 Grafikprozessoren und 105.000 Netzwerkknoten, was die Voraussetzung für die Statistiken, Schaubilder und Grafiken zu Corona ergab. So fand ein internationaler Austausch von Informationen und Forschungsergebnissen zum Virus SARS-CoV-2, zum Krankheitsverlauf von COVID-19 und zu epidemiologischen Fragestellungen statt. Intensiv wurde zudem an der Entwicklung von Impfstoffen, Therapeutika und Tests geforscht. Um medizinischen Fachleuten und Forschern den Zugang zum aktuellen Stand der Wissenschaft zu erleichtern, haben mehrere bedeutende Verlage medizinischer und naturwissenschaftlicher Fachzeitschriften sogar einen zeitnahen und vollständig freien Zugang zu ihren Fachartikeln bereitgestellt.

Im Verlauf des Februars 2020 zeigte sich schnell, dass CO-VID-19 deutlich leichter als SARS übertragen wird. Ebenso wurde deutlich, dass viele Infizierte gar keine oder nur sehr leichte Symptome aufwiesen und dass sogenannte asymptomatisch Infizierte (Infizierte gänzlich ohne, oder ohne deutliche oder zeitlich noch nicht ausgeprägte Symptome) ebenso ansteckend sein konnten. Es wurde immer öfter von Fällen berichtet, in denen Menschen andere Familienmitglieder angesteckt hatten, ohne dass sie selbst Symptome zeigten. Als auch Mitte März 2020 noch nicht ganz klar war, welche Rolle diese „Stillen Träger" in der Pandemie genau einnehmen, wurde bekannt, dass rund ein Drittel der positiv getestet Infizierten wohl asymptomatisch sind und einen relevanten Teil der Infektionen verursachen. Hinzu kam in den ersten Wochen noch die Überforderung der Behörden in Wuhan, die zu einer derart hohen Dunkelziffer in dieser Region führte, dass laut dem Epidemiologen René Niehus die gezählten Fälle in Wuhan nicht aussagekräftig seien.

Schwere Krankheitsverläufe, insbesondere solche, bei denen die Lunge betroffen war, haben oft langfristige Schäden zur Folge. Bekannt sind neben Schäden der Lunge auch solche des Herzmuskels. Auch vermeintlich harmlose Krankheitsverläufe können sehr ausgeprägte Veränderungen in der Lunge hervorrufen, von denen – Stand März 2020 – nicht bekannt ist, ob sie sich zurückbilden. Die Zahl der Menschen, die von einem Infizierten angesteckt wurden, lag bis zum 7. Februar 2020 bei 3,28 (arithmetisches Mittel) bzw. 2,79 (Median), also bei rund drei Personen.

Der große Lockdown 2020

Früh wusste man, dass die Letalität von COVID-19 nicht so hoch war wie bei den Coronaviren SARS oder MERS. Mitte Februar wurde eine chinesische Studie veröffentlicht, in der 44.672 bestätigte COVID-19-Fälle untersucht wurden. 81 % der Patienten hatten milde Formen von COVID-19. In etwa 14 % der Fälle verursachte das Virus schwere Krankheitsverläufe mit Lungenentzündung und Dyspnoe. Etwa 5 % der Patienten erlebten Atemstillstand, einen septischen Schock oder mehrfaches Organversagen. In etwa 2 % der Fälle verlief die Krankheit tödlich. Experten verwiesen darauf, dass Zahlen zu Todesfällen nach der Definition der WHO auch insofern unsicher sind, als in Fällen einer Coronavirusinfektion diese wie bei allen Atemwegserkrankungen nicht notwendigerweise die finale Todesursache sein müsse. Dies konnte man vielfach nur anhand der Ergebnisse einer Autopsie unterscheiden. Umgekehrt wurden aber auch nicht alle Toten, die auf das Virus zurückzuführen waren, tatsächlich als solche identifiziert.

Bei einem leichten Krankheitsverlauf (dem häufigsten Fall) klingen die Krankheitsanzeichen, sofern überhaupt welche bestehen, laut WHO in der Regel innerhalb von zwei Wochen ab. Bei Menschen mit einem schweren Krankheitsverlauf dauere es zwischen drei und sechs Wochen, bis sie sich von der Krankheit erholen, sofern man nicht zu einer der Risikogruppen gehörte. Vorerkrankungen wie Herz-Kreislauf-Erkrankungen, Diabetes, chronische Atemwegserkrankungen, hoher Blutdruck oder Krebs erhöhen signifikant das Risiko schwerer Verläufe. Weiter können auch junge Menschen zu der Risikogruppe zählen, z. B. bei hohem Body-Mass-Index oder koronarer Herzerkrankung.

Stand 9. April waren laut WHO 95 % aller in Europa gemeldeten Todesfälle der Altersgruppe über 60 Jahre zuzuordnen. Mehr als 50 % dieser Verstorbenen waren über 80 Jahre alt. Eine Untersuchung von Verstorbenen mit positivem COVID-19-Befund in Italien (Stand: 17. März 2020) ergab, dass lediglich 0,8 % dieser Personen keine Vorerkrankungen hatten, während 25,1 % der Todesfälle eine und 25,6 % zwei Vorerkrankungen hatten. Drei oder mehr Vorerkrankungen wurden bei 48,5 % der Fälle festgestellt.

Experten riefen daher dazu auf, Risikogruppen wie Ältere und Menschen mit Vorerkrankungen besonders zu schützen. Es wurde empfohlen, dass Familien ihre Kinder in nächster Zeit nicht mehr zu den Großeltern zur Betreuung geben sollten, Einkäufe für Ältere zu erledigen, damit diese nicht mehr in den Supermarkt müssten und Arbeitgeber sollten, falls möglich, chronisch Kranken ermöglichen, von zu Hause aus zu arbeiten. Die gesamte Bevölkerung war aufgerufen, zunächst unnötige Sozialkontakte freiwillig zu vermeiden, da der einzelne durch Kontaktreduktion und Hygiene die Gefahr der Ansteckung für sich und andere minimieren könne. Da jedoch diese freiwilligen Maßnahmen nicht das gewünschte Ergebnis brachten, kam es sehr schnell und für viele überraschend zum härtesten aller Mittel: dem Lockdown.

Der erste Lockdown in Deutschland

Durch das Bayerische Gesundheitsministerium wurde am 28. Januar 2020 eine erste Infektion in Deutschland in einem Labor bestätigt: Ein Mitarbeiter eines Automobilzulieferers hatte sich während einer internen Schulung bei einer angereisten chinesischen Kollegin vom Unternehmensstandort Shanghai infiziert. Später wurde bekannt, dass sich im Zusammenhang mit dem ersten bestätigten Fall bereits 13 weitere Mitarbeiter oder deren Angehörige infiziert hatten. Niemand verstarb; bis Ende Februar wurden alle Infizierten als geheilt aus der Klinik entlassen. Im Laufe der Ereignisse wurden nun die Positionen der Virologen und ihrer Einrichtungen immer wichtiger. Das Robert Koch-Institut erklärte zunächst am 22. Januar 2020, dass nur wenige Menschen von anderen Menschen angesteckt werden könnten und dass sich das Virus nicht sehr stark auf der Welt ausbreiten würde. Die Gefährdung würde von Region zu Region variieren und sei allein im Kreis Heinsberg unweit Düsseldorf hoch gewesen. So würde die Pandemie von selbst gestoppt werden, wenn sich immer mehr Menschen infiziert haben und eine Immunität aufbauen würden. Dies wurde von dem Virologen Alexander Kekulé sogleich heftig kritisiert, der am selben Tag erklärte, dass er nicht die Gelassenheit des Robert Koch-Instituts teilen würde.

Am 25. Februar 2020 wurde der erste Erkrankte in Baden-Württemberg bestätigt. Er hatte sich wahrscheinlich bei einer Italienreise in Mailand angesteckt. Kurz darauf wurde auch bei einer Person aus Nordrhein-Westfalen CO-VID-19 nachgewiesen. Ging es bislang noch um wenige Einzelfälle, stieg die Zahl der nachgewiesenen Infektionen jetzt stark an: Waren am 29. Februar noch 57 Personen infiziert, stieg die Zahl in der darauffolgenden Woche auf 795 Personen. Am 16. März 2020 gab es über 4.838 bestätigte Fälle und zwölf bestätigte Todesfälle in Deutschland. Es kam zu einem Treffen mit den Ministerpräsidenten am 13. März 2020. Die Bundeskanzlerin Angela Merkel appellierte erstmals an die Bürger und Bürgerinnen, alle nicht notwendigen Veranstaltungen abzusagen und auf Sozialkontakte zu verzichten. Dieser Appell sollte noch oft wiederholt werden. In vielen Bundesländern wurden nun konkrete Maßnahmen beschlossen, um die Verbreitung des Virus zu verlangsamen. So wurden beispielsweise Großveranstaltungen verboten bzw. immer mehr Kitas und Schulen geschlossen. Nach Empfehlung des Bundesgesundheitsministers vom 13. März 2020 sollten sich vor allem Reiserückkehrer aus Italien, Österreich und der Schweiz selbst in Quarantäne begeben, das hieß, symptomunabhängig unnötige Kontakte zu vermeiden und mindestens zwei Wochen zu Hause zu bleiben.

Nur drei Tage später teilte Bundeskanzlerin Angelika Merkel mit, dass Gaststätten und Freizeiteinrichtungen durchaus geschlossen würden und auch noch viele andere Geschäfte und Einrichtungen. Merkel kündigte an, um die Ausbreitung des Virus zu verlangsamen seien Maßnahmen nötig, die es so in Deutschland noch nicht gegeben habe. Am 17. März veränderte das Robert Koch-Institut die Gefährdungseinschätzung für die Gesundheit der Bevölkerung und schätzte die Gefahr nunmehr als insgesamt „hoch" ein. Die Belastung des Gesundheitswesens könne örtlich sogar „sehr hoch" sein. Daraufhin legten zunächst einzelne Bundesländer Maßnahmen zu Ausgangsbeschränkungen fest. Beispielsweise wurden in Baden-Württemberg ab dem 18. März 2020 gemäß der Corona-Verordnung der Landesregierung sämtliche Versammlungen und Veranstaltungen untersagt, Kirchen, Synagogen, Moscheen, Kultur- und Bildungseinrichtungen ganz geschlossen. Das Bayerische Staatsministerium für Gesundheit und Pflege erließ am 20. März 2020 per Allgemeinverfügung eine vorläufige Ausgangsbeschränkung mit Wirkung vom 21. März 2020 bis zunächst zum 3. April 2020. Unter anderem war selbst das Verlassen der eigenen Wohnung nur noch bei Vorliegen triftiger Gründe, wie der Gang zu einer Corona-Teststelle oder die Teilnahme an einer Bestattung eines Angehörigen ersten Grades ausnahmsweise erlaubt.

Am 22. März 2020 einigten sich Bund und Länder auf ein umfassendes Kontaktverbot, anstatt weitergehende Ausgangssperren zu beschließen. Zur Reduzierung sozialer Kontakte war zum Beispiel bei Zusammentreffen im öffentlichen Raum ein Mindestabstand von 1,5 Metern einzuhalten, wobei auch zwei oder drei Meter empfohlen wurden. Die Gastronomiebetriebe wurden geschlossen, davon ausgenommen war allein die Zubereitung von Speisen und Getränken zum Mitnehmen. Aufgrund von Hamsterkäufen waren verschiedene Produkte wie Reis, Nudeln, Konserven und vor allem Toilettenpapier zeitweise ausverkauft. Auch Dienstleistungsbetriebe im Bereich der Körperpflege, wie Friseure oder Fußpflege, blieben geschlossen. Kirchweihen, Jahrmärkte, Stadt- und Dorffeste wurden abgesagt, manche erstmals in ihrer zum Teil langen Geschichte. Sogar viele Ärzte stiegen auf eine verkürzte Notbetreuung um oder schlossen ganz. Daher war es möglich, sich jetzt telefonisch beim Hausarzt krankschreiben zu lassen, und zwar nicht bei alleiniger Erkrankung an Corona, sondern bei Symptomen jeglicher Art. Da aber große Teile der Wirtschaft ohnehin brach lagen, spielte diese Regelung eines Telefon-Attests keine große Rolle.

Die Bundesliga stellte ihren Spielbetrieb ein, später fanden die Spiele in leeren Stadien ohne Zuschauer statt, was als „Geisterspiele" bezeichnet wurde. Universitäten und Fachhochschulen machten dicht, bzw. wurde jetzt jede Universität zur Fernuniversität. Labore, Bibliotheken und Archive schlossen ihre Pforten. Busunternehmen wie Flixbus und andere standen still. Theater durften nicht mehr öffnen und Festivals mussten abgesagt werden, zahlreiche Kinostarts mussten verschoben werden, auch Schwimmbäder und Fitnesscenter mussten schließen. In den Öffentlichen Verkehrsmitteln, der Bundesbahn, in Geschäften und Einkaufszentren wurde das Tragen der Maske angeordnet. Besonders war die Tourismusbranche betroffen, da der nationale wie auch internationale Reiseverkehr eingeschränkt war, die Grenzen geschlossen wurden, der Flugverkehr eingestellt wurde. Positive Kehrseite dieser Einschränkung war ein von Verunreinigungen befreiter Himmel und eine Erholung der Umwelt, was sich beispielsweise durch verbesserte Qualität der Atemluft bemerkbar machte. Es kam wegen der zunehmenden Einschränkung der wirtschaftlichen Aktivitäten und der individuellen Mobilität zu einem nachgewiesenen Rückgang der Umweltverschmutzung und des Kohlendioxid-Ausstoßes in den betroffenen Weltregionen.

Kernpunkt des Kontaktverbotes im ersten Lockdown war, dass der Aufenthalt im öffentlichen Raum nur alleine oder mit einer weiteren Person oder im Kreis der Angehörigen des eigenen Hausstands gestattet wurde. Die Maßnahmen galten zunächst bis zum 19. April 2020. Dann wurden die Einschränkungen (umgangssprachlich „Corona-Auflagen" genannt) teilweise und stückweise wieder aufgehoben, in manchen Bundesländern mehr, in Bayern weniger. Für alle spürbar war die Wiederöffnung von Geschäften, allerdings zunächst nur von solchen mit einer Größe von unter 800 Quadratmetern. Damit fühlten sich aber größere Ladeninhaber eingeschränkt, die mitunter ein effektiveres Hygienekonzept als kleinere Läden hatten. Es wurde sich damit beholfen, indem einfach 800 Quadratmeter eingegrenzt und für den Verkauf freigegeben wurden. So gab es auf einmal Läden, in denen in einem Stockwerk der Verkauf begann, während das restliche Haus dunkel blieb. Die Einzelheiten waren von Bundesland zu Bundesland unterschiedlich und konnten sich von Tag zu Tag ändern.

Vor allem Schulen öffneten ihre Klassen recht unterschiedlich und brauchten noch Monate, bis der Regelbetrieb wieder hergestellt war und Prüfungen ordnungsgemäß durchgeführt werden konnten. Gleichzeitig wurden mit den Lockerungen neue Sanktionen eingeführt: es gab auf einmal Einlasskontrollen, verpflichtende Hygiene- und Parkplatzkonzepte sowie einen Mundschutzzwang in Geschäften und im ÖPNV. Auch Kitas und Kindergärten blieben bundesweit weiter geschlossen, wie auch das Versammlungsverbot weiterhin bestand. Ein weiterer Schritt in Richtung Normalität brachte dann erst der 4. Mai, als Friseure wieder Kunden bedienen durften.

Die Veränderung in den Fallzahlen brachte schließlich nicht allein der Lockdown, sondern auch das zunehmend warme Wetter nach Ostern 2020. Dieses machte dem Virus das Ausbreiten schwerer, die Fallzahlen gingen zunächst zurück, um im Oktober bei zunehmender Kälte dann wieder zu steigen.

Der erste Lockdown in Österreich und in der Schweiz

Nach negativen Verdachtsfällen in den Tagen vor dem 25. Februar 2020 wurden an diesem Tag erstmals zwei Krankheitsfälle in Innsbruck gemeldet. Dabei handelte es sich um zwei aus der Lombardei stammende Italiener, die in Innsbruck lebten und einige Tage vorher aus ihrer Herkunftsregion Bergamo nach Tirol kamen. Zwei Tage später gab es in Wien den ersten Fall, wo ein älterer Patient bereits zehn Tage im Spital irrtümlich auf Grippe behandelt wurde. Es folgten schnell weitere Positivdiagnosen in Wien und in anderen Bundesländern.

Am 27. Februar 2020 gab die österreichische Bundesregierung einheitliche Richtlinien aus, denen zufolge bei Verdachtsfällen keine Arztpraxis mehr aufgesucht, sondern primär die im Jahr zuvor geschaffene Gesundheitshotline angerufen werden sollte, um andere Personen keiner Ansteckungsgefahr auszusetzen. Diese Hotline organisierte danach die weiteren Schritte, beispielsweise einen Hausbesuch zur Durchführung eines Tests oder die Einweisung in ein Krankenhaus.

Am 10. März 2020 gab die österreichische Bundesregierung eine Reisewarnung mit der höchsten Sicherheitsstufe für das schwer betroffene Norditalien aus und verhängte eine Einreisesperre für Reisende aus ganz Italien. Nachdem Mitte März zuerst einzelne Gemeinden unter Quarantäne gestellt wurden, verlautbarte Bundeskanzler Sebastian Kurz am 15. März eine landesweite Ausgangsbeschränkung, verbunden mit einer Einschränkung der Versammlungsfreiheit auf bis zu fünf Personen. Ausnahmen, das Haus zu verlassen, waren allein die Berufsarbeit, dringend notwendige Besorgungen, Betreuung/Hilfe anderer Personen sowie Sport im Freien allein. Seit Dienstag, dem 17. März, galt für gastronomische Betriebe in ganz Österreich eine Totalsperre. Um die medizinische Versorgung des Landes aufrecht zu erhalten, wurden ehemalige Zivildienstleistende einberufen. Ab dem 23. März 2020 wurde der Flughafen Innsbruck komplett geschlossen.

Das Bundesamt für Gesundheit der Schweiz vermeldete ebenfalls, wie in Österreich, am 25. Februar 2020 den ersten positiv getesteten Einwohner der Schweiz. Es handelte sich um einen im Kanton Tessin wohnhaften 70-jährigen Mann, der sich in der Nähe von Mailand angesteckt hatte. Am 27. Februar wurden sieben weitere Fälle bekannt. In den Kantonen Aargau, Basel-Stadt, Genf, Graubünden, Tessin, Waadt und Zürich waren insgesamt acht bestätigte Corona-Patienten im Krankenhaus. Alle Patienten waren kurz zuvor in Italien gewesen. Am 28. Februar 2020 wurde der erste Patient vom 25. Februar 2020 im Kanton Tessin als genesen aus dem Krankenhaus entlassen. Am 5. März verstarb die erste Person in der Schweiz aus dem Kreis der Erstinfizierten im Kanton Waadt.

Auf den 17. März 2020 wurde für die Schweiz eine außerordentliche Lage gemäß des Epidemiegesetzes ausgerufen: alle Läden, Restaurants, Bars sowie Unterhaltungs- und Freizeitbetriebe wurden bis zum 19. April 2020 geschlossen. Dienstleistungsbetriebe führten nach Möglichkeit Homeoffice ein. Auf die Verhängung einer Ausgangssperre wurde aber verzichtet im Vertrauen auf das Verantwortungsbewusstsein der Bürger und Bürgerinnen. Unternehmen, welche den Betrieb behördlich angeordnet einstellen mussten, erhielten von den Banken binnen Stunden unkompliziert Sofortkredite von bis zu 500.000 Franken, für die der Bund bürgte. Um Entlassungen zu vermeiden, wurden die Kriterien für den Bezug von Kurzarbeitergeld erleichtert. Die Schulen wurden landesweit geschlossen. Die Schüler und Schülerinnen erhielten ihre Lerninhalte online und erschienen mit Abstand einzeln in den Schulen, um dort Material abzuholen. Am 8. April 2020 verlängerte der schweizerische Bundesrat die außerordentliche Lage sogar nochmals bis zum 26. April 2020.

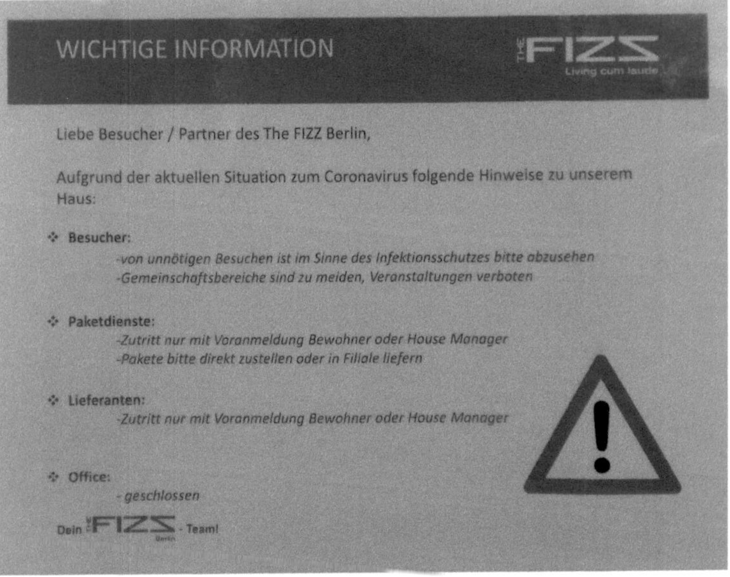

Eine Besonderheit des ersten Lockdowns waren Hinweise an die Zusteller, wo und wann sie ihre Pakete und Briefe abzugeben hatten. Warnhinweisschilder aus dem Straßenverkehr erfreuten sich bei den Infotafeln großer Beliebtheit, die erst Monate später von Smileys verdrängt wurden.

Lebensmittelläden waren die ersten, die professionell gestaltete Warnhinweise aufhängten. Knapp waren damals nicht allein Toilettenpapier, sondern auch Nudeln, Dosengerichte, Eier u.v.a.

Kommt der Kunde nicht in den Laden, kommt der Laden jetzt zum Kunden. Profitiert haben vor allem Unternehmen, die bereits einen Außendienst hatten, der nun massiv ausgebaut und aufgestockt wurde, Dieses ist nur ein Beispiel, dass die Corona-Pandemie nicht nur Arbeitsplätze vernichtet, sondern auch neue geschaffen hat.

Typisch für die ersten Tage des Lockdowns waren solche handgeschriebenen Zettel, welche die Geschäftsführer noch schnell an die Ladentür hängten. Oft sind sie verbunden mit Wünschen für das Wohlergehen und der Hoffnung, bald wieder öffnen zu dürfen. Viele Läden sahen sich darin getäuscht, denn zunächst rechnete man mit einem schnellen Ende der Pandemie nach nur wenigen Tagen, höchstens Wochen.

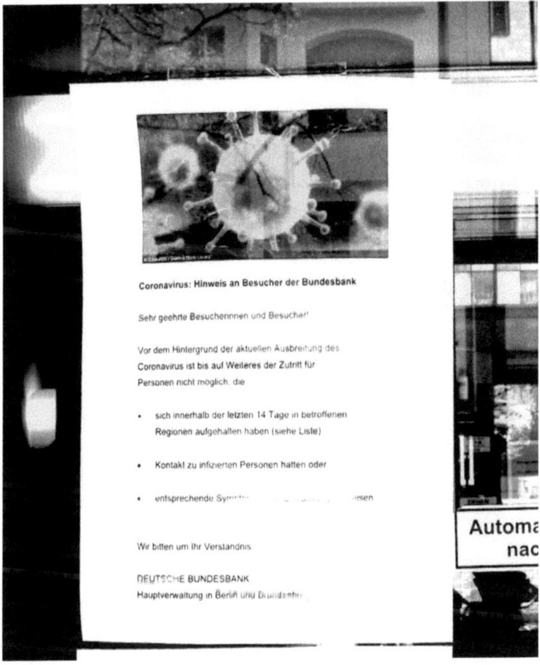

Coronavirus: Hinweis an Besucher der Bundesbank

Sehr geehrte Besucherinnen und Besucher!

Vor dem Hintergrund der aktuellen Ausbreitung des
Coronavirus ist bis auf Weiteres der Zutritt für
Personen nicht möglich, die

- sich innerhalb der letzten 14 Tage in betroffenen
  Regionen aufgehalten haben (siehe Liste)

- Kontakt zu infizierten Personen hatten oder

- entsprechende Sym...

Wir bitten um Ihr Verständnis.

DEUTSCHE BUNDESBANK
Hauptverwaltung in Berlin und Brandenburg

Die ersten Warnhinweise wurden oftmals grafisch mit
Bildern von Viren aller Art versehen, wodurch der
bedrohlich-beängstigende Eindruck noch verstärkt wurde.
Das Beispiel stammt von der Deutschen Bundesbank, vor
der auch das Virus nicht halt machte.

Der große Lockdown 2020

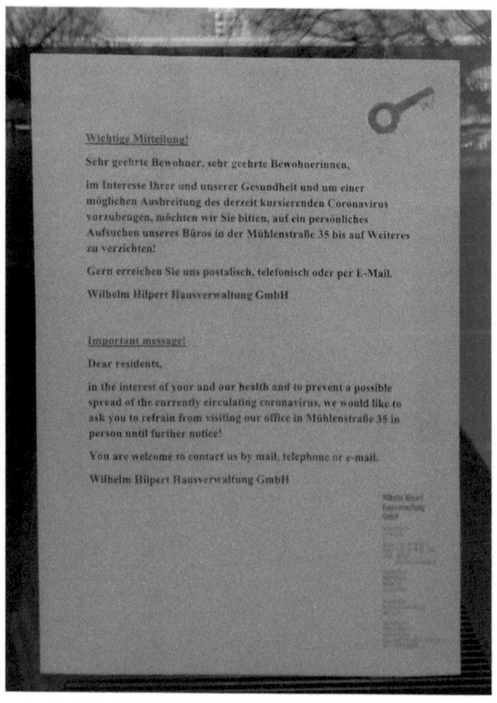

Deutschland ist Einwanderungsland. Das spiegelt sich auch in den Warnhinweisen wieder, die oft (wie hier in Deutsch und Englisch) zweisprachig ausgehängt wurden. Bei vielen kleineren Läden oder Bars waren die Hinweise auch in Polnisch, Arabisch oder Türkisch verfasst.

Drehtüren wurden zunächst als besondere Infektionsherde ausgemacht. Konnte man sie nicht vollständig schließen, ließ man zunächst Personen nur einzeln eintreten.

Neben Einschränkung und Verängstigung rief die Situation auch Solidarität und Hilfsbereitschaft hervor. So gab es Einrichtungen, die spontan ein Essen anboten, da viele Geschäfte leergeräumt waren und Menschen wegen hohen Alters oder aus Gesundheitsgründen nicht mehr einkaufen gingen.

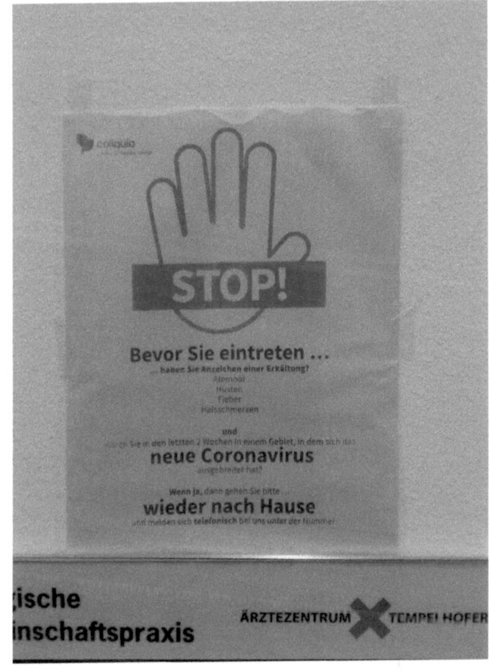

Die „abweisend Hand" war *das* Symbol des ersten Lockdowns. Gäste oder Kunden waren nicht mehr uneingeschränkt willkommen, sondern der Mensch wurde auch als
Infektionsübeträger betrachtet.

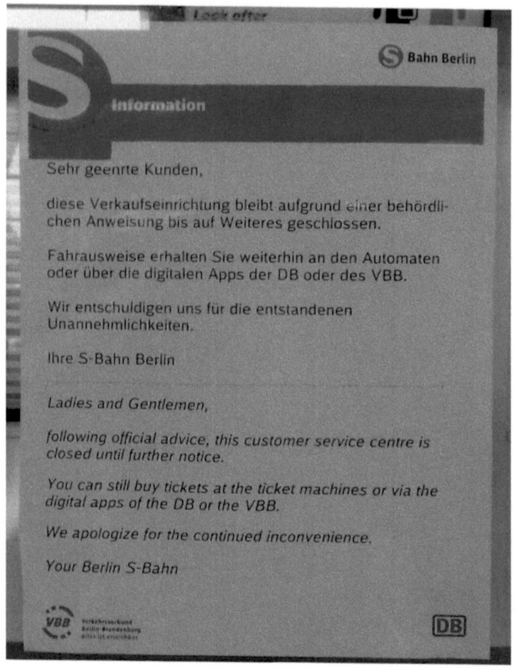

Die wenigen Wochen waren paradiesische Zeiten für
Schwarzfahrer: die Ticketschalter wurden geschlossen, die
Fahrscheinkontrollen wegen Infektionsgefahr eingestellt,
ebenso der Fahrkartenverkauf im Bus. Ob aber tatsächlich
mehr Fahrgäste auf ein Ticket verzichteten, wird man nie
erfahren: der ÖPNV wurde jedenfalls so wenig wie noch
nie genutzt, viele liefen oder stiegen auf das Rad um.

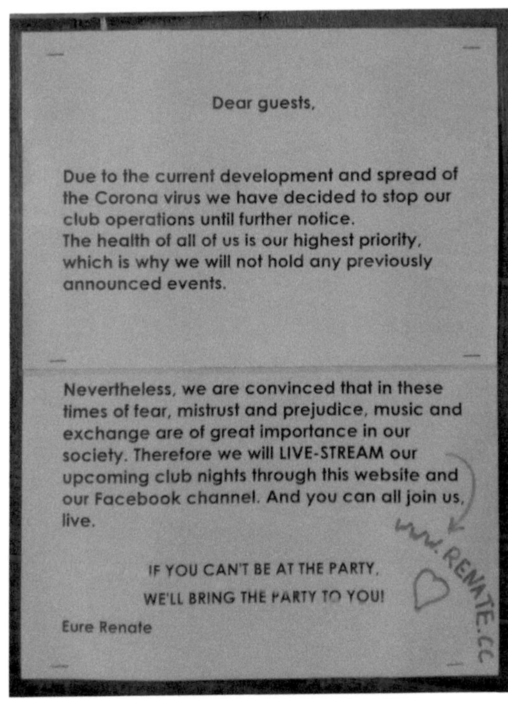

Der Livestream wurde bald zur gängigen Alternative für Konzerte, Theater, Lesungen und ähnliches. Kulturveranstaltungen waren besonders betroffen, hier verloren viele Beschäftigte ihren Arbeitsplatz.

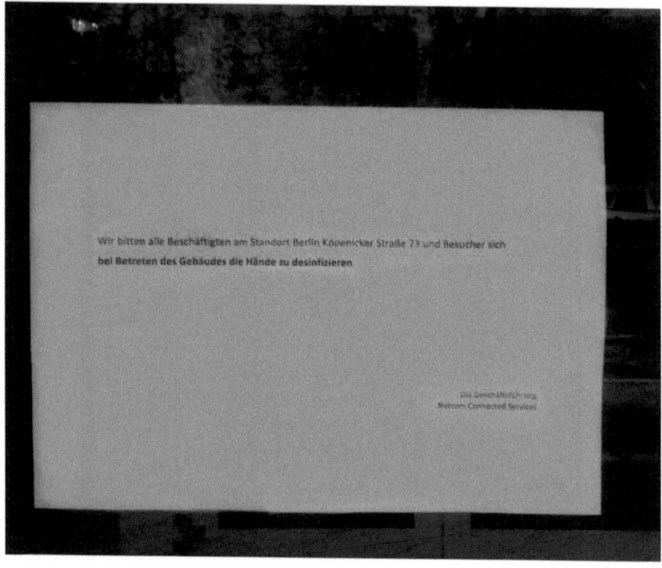

Mit nichts ist die Zeit des ersten Lockdowns so verbunden wie mit Desinfektionsmitteln aller Art. Nicht nur, dass man durch Hinweise und Lautsprecherdurchsagen daran erinnert wurde, sondern es wurden auch in jedem Geschäft, in Einkaufszentren, in Toiletten, Kitas und Schulen gratis Desinfektionsgeräte aufgestellt.

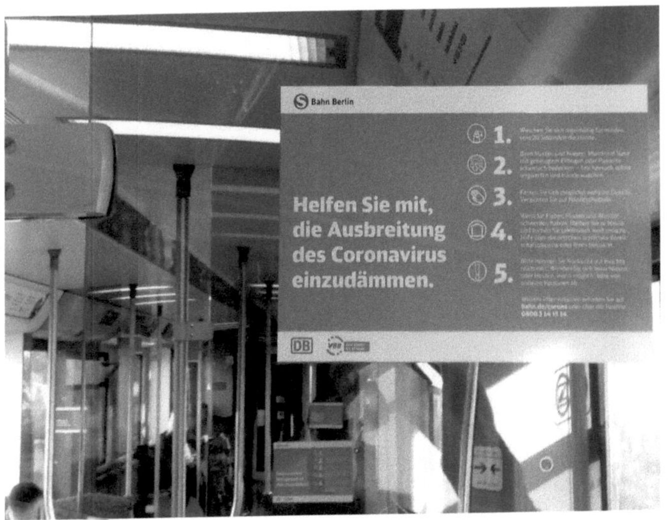

Infektionsherd ÖPNV: sinnvoll wäre es gewesen, mehr Züge einzusetzen und jeden zweiten Sitzplatz freizuhalten, doch dazu fehlte das Geld. Geld vorhanden war aber für eine beispiellose Informationskampagne über Aufkleber, Durchsagen und Kontrollen. In einem Waggon, wie hier in Berlin, fanden sich bis zu dreißig Aufkleber.

Selbst in der Natur wurden Corona-Warnhinweise aufgestellt: Waldbesucher der Berliner Forste wurden ermahnt, Abstand zu halten – nicht zu Tieren, sondern zu Menschen.

Jenseits staatlicher Hilfen fühlten sich zahlreiche Bürger
gerufen, ihren Nachbarn zu helfen und Einkäufe oder
Hundeausführen anzubieten. Während die Kirchen ganz
überwiegend passiv blieben, halfen vor allem Menschen
ohne religiösen Hintergrund kostenlos und unbürokratisch.

Restaurants und Cafes, die noch nie etwas mit Lieferdiensten zu tun hatten, wurden über Nacht zum Cateringservice. Meist wurde Hauslieferung angeboten, mitunter auch, wenngleich seltener, Abholung.

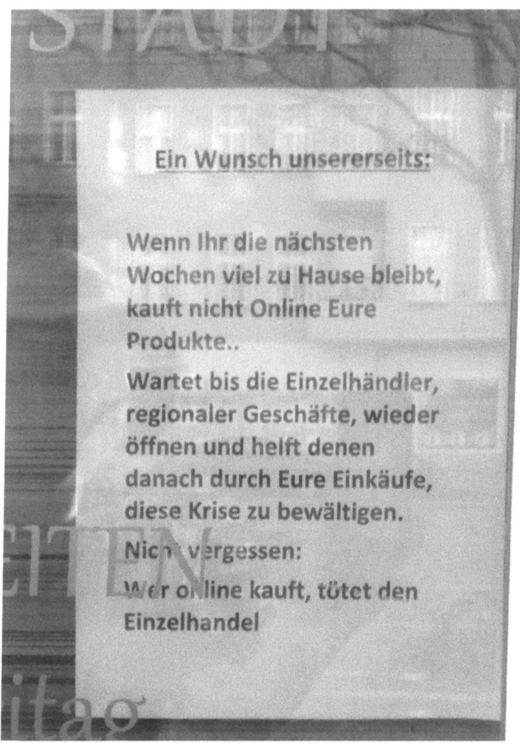

Der Online-Handel explodierte, Amazon, Zalando und andere Anbieter machten Gewinne. Verzweifelte Hilferufe wie der dieses Einzelhändlers brachten wenig, sind aber an Dramatik kaum zu überbieten: „Wer online kauft, tötet den Einzelhandel!"

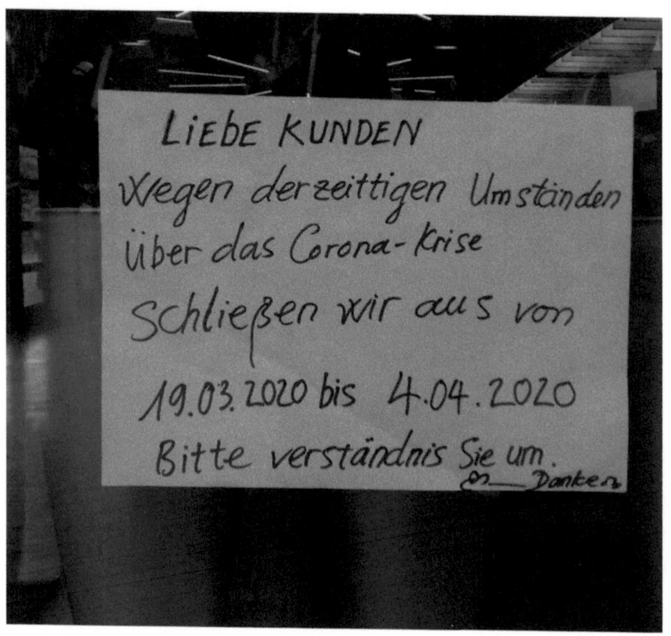

Blumenläden sind selten überfüllt und dennoch mussten diese Läden komplett schließen. Nicht einmal ein Abhol- oder Bringservice wurde erlaubt. Vielen Händlern ging die Ware kaputt, zudem verloren sie das Frühjahrsgeschäft an die Baumärkte, die weiterhin Blumen und Pflanzen verkaufen durften. Im Sommer gaben dann viele kleine Blumenläden auf, überlebt hat fast monopolartig ein einziger großer Blumenhandel.

Spielen ist nicht mehr erlaubt – deutschlandweit wurden alle Spielplätze abgeschlossen, teilweise mit Absperrbändern umzogen. Die Eltern, die mit Kleinkindern in einer balkonlosen Wohnung eng zusammengedrängt leben mussten, litten am meisten.

Auch der Humor kam nicht zu kurz: „Einer Raus Einer Rein" heißt es, zwar falsch geschrieben, doch auf den Punkt gebracht.

Maskennotstand war eine Begleiterscheinung, die bald durch selbstgenähte Masken gelindert wurde. Zeitweise hatten aber nicht einmal mehr Krankenhäuser, Altenheime und Apotheken genügend Masken vorrätig.

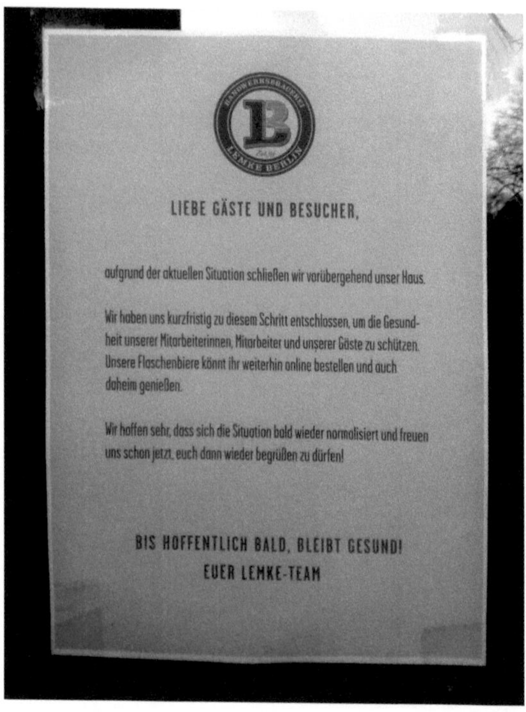

Die Kneipen und Brauereien mussten schließen, doch der Alkohol wurde jetzt frei Haus geliefert. Unschöne Begleiterscheinungen der neuen Häuslichkeit: der Alkoholkonsum stieg merklich, Gewalt gegen Frauen grassierte derart, dass Frauenhäuser keine Neuaufnahmen mehr tätigen konnten.

Zahlreiche Arztpraxen empfingen keine Patienten mehr. Die Diagnosen wurden per Video oder durch Telefon erstellt, die Krankschrift oder das Attest erhielt man am Fenster durchgereicht.

Andere Städte, andere Sitten. Zeitweise war es unmöglich zu wissen, welche Corona-Sonderregeln gerade galten. Manchmal durften Marktplätze, Fußgängerzonen oder Einkaufszentren ohne, manchmal nur mit Maske betreten werden.

Gewitzte Geschäftsleute finden immer eine Marktnische – hier eine Eisdiele, die ein spezielles „Angebot Corona" erstellt hat – selbstverständlich nur im Freien.

Masken waren Mangelware, wurden aber dringend benö-
tigt, wenn man einkaufen wollte. Freundliche Menschen
stellten Maskenspender auf, an denen selbstgemachte
Stoffmasken kostenlos abgegeben wurden.

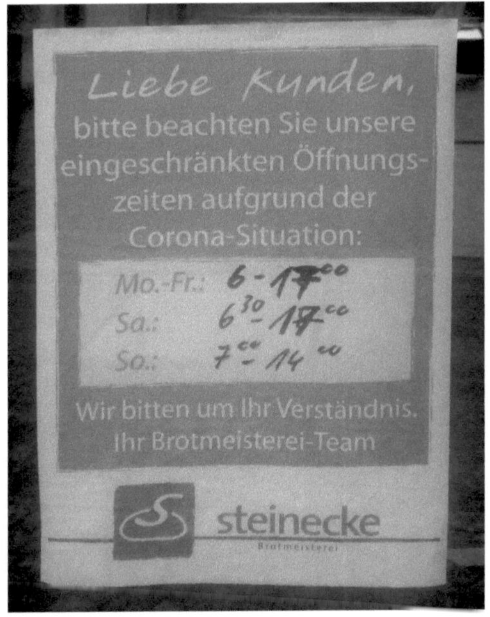

Ausgenommen vom Lockdown waren Lebensmittelläden. Diese kamen mit der neuen Situation jedoch nicht immer klar. Anstatt Mitarbeiter einzustellen und den Ausfall anderer Geschäfte zu kompensieren, wurden jetzt auch noch die Öffnungszeiten eingeschränkt, was wiederum dazu führte, dass mehr Kunden zeitgleich zusammenkamen, obwohl doch Abstand das Gebot der Stunde war.

Die Stimmung während des Lockdowns war depressiv bis bedrohlich. Niemand hat es besser zusammenfasst als dieser Bäcker, der mit folgendem Spruch in seinem Fenster um seine Existenz kämpfte: „Apokalypse ist blöd! Apokalypse ohne guten Kaffee ist blöder!"

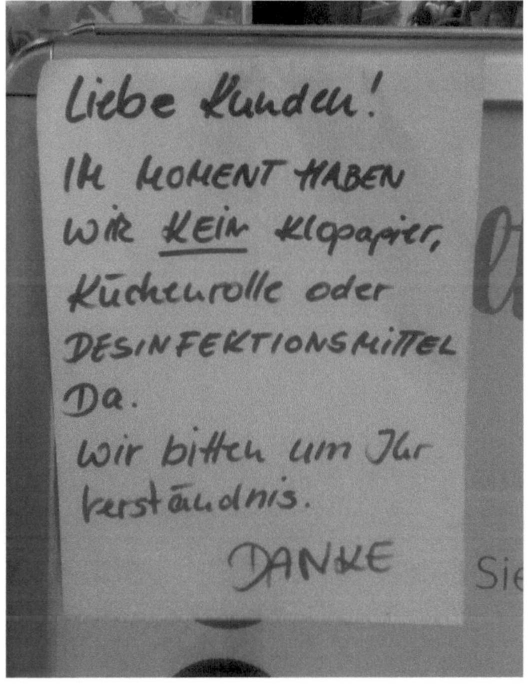

Jedes europäisches Land hatte eigene Produkte, die im jeweiligen Lockdown massenweise gehamstert wurden. Aus unbekanntem Grund war es in Deutschland das Toilettenpapier. Die Regale waren wie leergefegt, Deutschland befand sich im Toilettenpapier-Notstand.

Sind die Gottesdienste schon zu normaler Zeit spärlich besucht, so standen die Kirchen im Lockdown vollständig leer. „Leider zurzeit kein Gottesdienst" war oft zu lesen, oder, wie hier: „Alle Gruppen und Kreise fallen bis auf weiteres aus".

Nach dem Coffee-to-go jetzt die Maske-to-go. Dieser Späti hatte zweifach Glück: weil er in Nähe eines Bahnhofs lag, durfte er geöffnet bleiben und er hat offensichtlich ein neues Geschäftsfeld entdeckt. Die Preise für Masken waren damals enorm gestiegen, eine normale Standart-Maske war nicht unter 15 Euro zu bekommen.

Das Spucken auf öffentlichen Straßen und Plätzen galt aus hygienischen und ethischen Gründen in Deutschland, wie in fast allen westlichen Gesellschaften, als unhöflich und despektierlich. Dank Corona gab es auch einen neuen Feldzug gegen das Umherspucken, indem in Erinnerung gerufen wurde, dass dadurch Bakterien, Keimlinge und Viren verbreitet werden.

Wie Pilze aus dem Boden schossen Coronatest-Zentren, in denen man erfahren konnte, ob eine Ansteckung vorlag. Lange Schlangen bildeten sich vor diesen Zentren, die schnell in Schulen oder Sportanlagen, die ohnehin leerstanden, eingerichtet wurden. In der Anfangszeit dauerte es bis zu fünf Tage, bis das Ergebnis vorlag.

Ist das Restaurant auch zwangsgeschlossen, so ist ein Lächeln immer möglich: „It's Corona time".

Hinweise mit Augenzwinkern aus einer Apotheke:
Hände waschen, 2 x Happy Birthday singen!
Keine Bussis & Umarmungen, dafür öfters lächeln!
Keine Panik, nicht hamstern, einander helfen!

Obwohl jetzt Millionen Beschäftigte nicht ihrer Arbeit nachgehen konnten, war auch Spiel und Sport in der freien Natur untersagt. Selbst Tischtennis, das einen Abstand von vier Meter erfordert, war nicht erlaubt.

Zunächst war vorgesehen, die Recyclinghöfe während des Lockdowns komplett zu schließen. Als jedoch die Bürger begannen, massenweise Keller und Wohnungen auszumisten, änderte man die Vorgaben. Recyclinghöfe konnten mit begrenzen Öffnungszeiten besucht werden, sie wurden für viele der einzige Ort des sozialen Austausches.

Jede Krise hat ihre Gewinner. „Überlebender der Klopapier Krise" spielt auf das Überleben in der Pandemie an.

Der erste Lockdown fiel in die vorösterliche Zeit. Der sonstige Vorosterrummel war somit komplett ausgefallen. Dieser Gartenbesitzer aus Dortmund hat seine Osterhasenfiguren mit kleinen Atemmasken versehen – Ostern 2020.

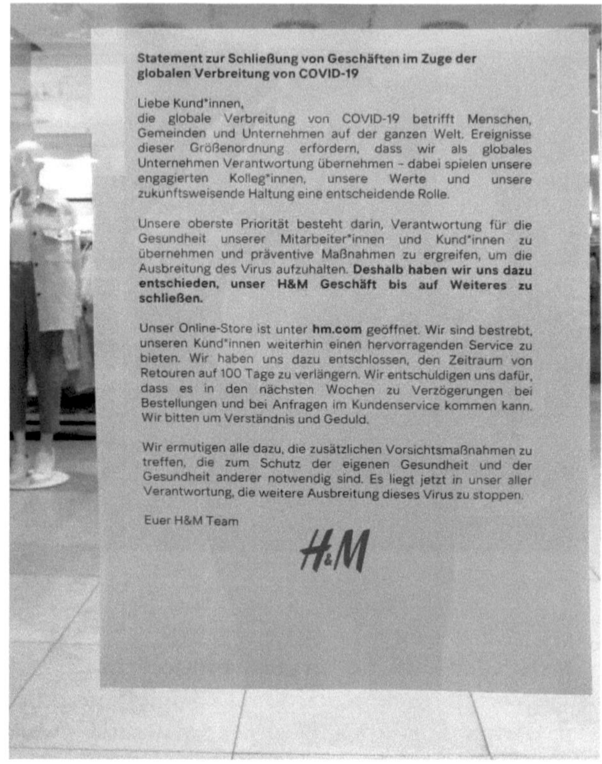

Die Modebranche war von der Schließung besonders betroffen. Da keine Möglichkeit zu Theaterabenden, zum Restaurantbesuch oder zum Shoppen bestand, wurde auch kaum neu Kleidung gekauft.

In den Städten war es verboten, Platz zu nehmen. Bänke und Stühle wurden mit Seilen und Bändern abgesperrt, selbst wenn es nur einzelne Sitzgelegenheiten waren. Dadurch waren vor allem Ältere und gehbehinderte Menschen schwer eingeschränkt, auch Obdachlose wanderten nun ziellos durch die Straßen oder setzen sich auf den Gehweg oder den Straßenrand.

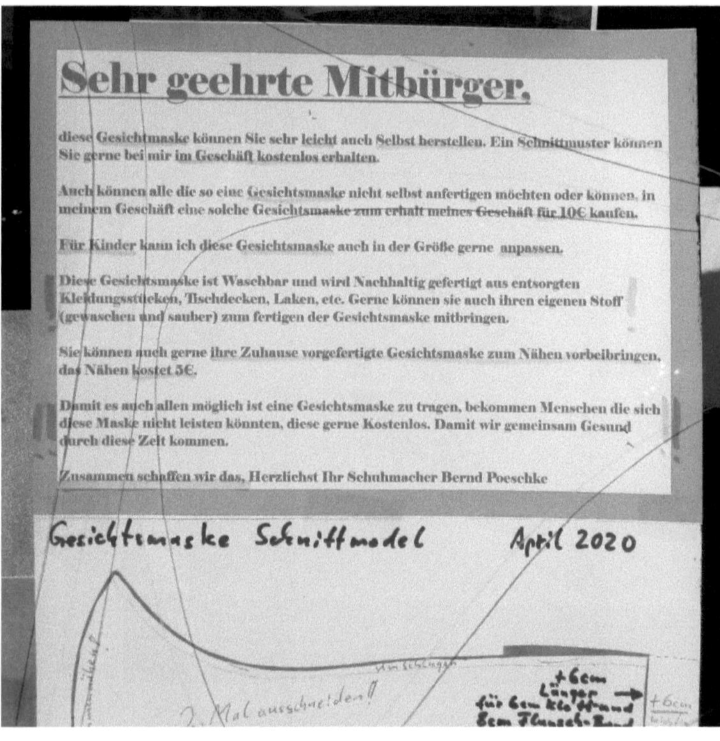

Schneidereien arbeiteten im Hochbetrieb. Einerseits hatten viele endlich einmal Zeit, ihre Kleidungsstücke zu überprüfen und Änderungen anzugehen, andererseits verkauften die Schneidereien nun die begehrten Masken, oder, wie im hiesigen Falle, gaben Anleitung zum Selbergestalten nach einem Schnittmodell.

Eine Berufsgruppe bekam durch den Lockdown besonders viel zu tun und war auch nicht von Schließung bedroht: Rechtsanwaltskanzleien. Hier wurden zahlreiche neue Fragen behandelt zu Themen wie Homeworking, Krankschreibung, Kinderbetreuung und Kurzarbeit.

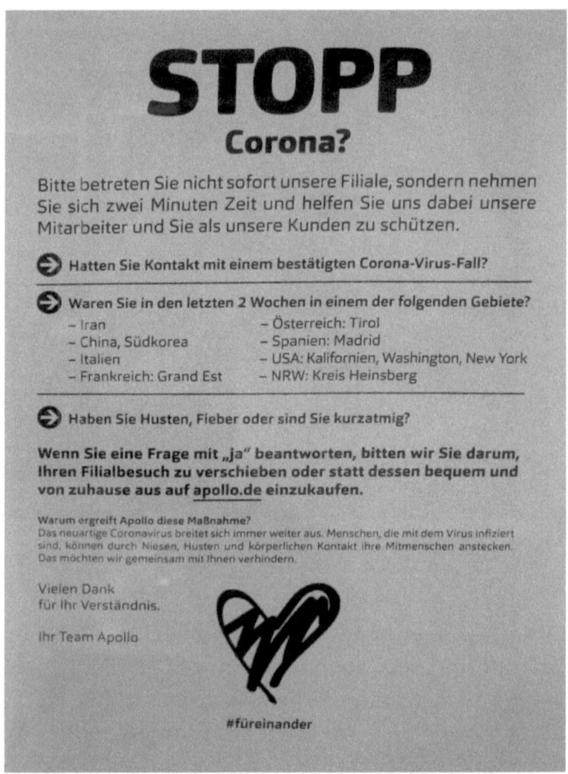

Viele Menschen fühlten sich durch die Reisebeschränkungen in ihrer Freizügigkeit eingeschränkt. Wer Länder wie Iran, China, Südkorea, Österreich, Spanien, USA und später noch viele andere besucht hatte, der durfte diesen und andere Läden nicht betreten und wurde auf Onlineeinkauf verwiesen.

Achtung!

Bitte beachten Sie wegen der Gesundheitskrise folgende Verhaltensmaßregeln:

- Betreten Sie den Waschsalon erst, nachdem Sie sich vergewissert haben, dass der Laden nicht zu voll ist.
- Halten Sie einen Sicherheitsabstand zur nächsten Person von ca. 2 Metern ein.
- Kranken Personen – auch wenn sie meinen, dass es nur ein harmloser Schnupfen ist- ist der Zutritt verboten !
- Während Ihre Maschinen laufen, sollten Sie den Waschsalon verlassen und die Frühlingsluft genießen.
- Selbstverständlich werden die Maschinen regelmäßig desinfiziert. Aber es ist trotzdem Ihre Verantwortung, sich selbst und andere durch geeignete Maßnahmen wie z.B. Abstand, Mundschutz, Handschuhe etc. zu schützen.

Ihr HAKO Wasch Team.

Das Sonnenstudio musste schließen, die Wäscherei durfte offen bleiben – jeder mag selbst entscheiden, wo man sich eher näher kommt und wo der Abstand gewahrt werden kann. Hier wird man aufgefordert, nach Abgabe der Wäsche nicht herumzusitzen, sondern die schöne Frühlingsluft zu genießen.

Manchmal waren auch Dinge vom Lockdown betroffen, an die man nicht zuerst denkt. So hatten deutschlandweit Museen und Galerien geschlossen, auch Parkführungen gab es nicht mehr, obwohl hier maximaler Abstand möglich gewesen wäre. Im Gegensatz zu den Kinderspielplätzen entschied man jedoch, Parkanlagen offen zu halten.

Überall wurde man darauf hingewiesen, dass Bargeld nicht angenommen wird, aus Gefahr vor Infektion. Damit beschleunigte sich eine Bewegung hin zum bargeldlosen Zahlen. Rechts oben ist auf dieser Hinweistafel zu lesen, dass dieser Supermarkt IC-Karten und Kreditkarten als Zahlungsmittel bevorzugt. Auch die letzten Bürger, die solche Karten noch nicht hatten oder nutzten, änderten nun ihr Zahlverhalten.

Der Mindestabstand war schwer zu überprüfen. Meist lag er bei 1,5 Metern, aber auch zwei oder gar drei Meter wurden empfohlen. Um den Abstand durchzusetzen, wurden Kunden gezwungen, Einkaufswagen zu benutzen. Dass durch Berührung des Wagens sich die Viren und andere Krankheitserreger erst recht verbreiteten, hatte man in der Aufregung übersehen.

Der große Lockdown 2020

Wichtige Information an alle Berliner Haushalte

Liebe Berlinerinnen und Berliner,

weltweit erleben wir eine große Krise, wie wir sie zuvor nicht kannten. Auch unser Land und unsere Stadt hat die Corona-Krise schwer erschüttert. Jeder spürt die Auswirkungen. Jetzt geht es darum, Leben zu schützen. Ich verspreche Ihnen: Wir werden nichts unversucht lassen, um die Corona-Infektionen in der Stadt einzudämmen. Doch dafür sind wir gezwungen, unser Leben drastisch einzuschränken.

Keine Frage: Die getroffenen Maßnahmen sind einschneidend. Das spüren wir gerade auch in Berlin. Statt pulsierendem Leben bestimmen nun leere Straßen das Bild. Und viele sorgen sich nun um ihre Einkünfte, ihre Arbeitsplätze, ihren Lebensunterhalt. Mein Senat und ich werden an Lösungen arbeiten, um Ihnen schnell und unbürokratisch zu helfen.

Mein besonderer Dank gilt allen, die gerade auch in dieser herausfordernden Situation den Dienst an ihren Mitmenschen leisten. Ob in Krankenhäusern, Arztpraxen, bei der Polizei und Feuerwehr, in der Strom- und Wasserversorgung, der Müllentsorgung und im öffentlichen Nahverkehr, in der öffentlichen Verwaltung, in der Lebensmittelversorgung oder in Sozialeinrichtungen. Sie sind noch mehr als sonst die Heldinnen und Helden unseres Alltags. Das gilt besonders auch für alle ehrenamtlich Helfenden. Auch im Namen des Senats und der Berlinerinnen und Berliner möchte ich hier meinen herzlichen Dank aussprechen.

Wir alle müssen nun Verantwortung für uns selbst und für andere übernehmen. Dazu gehört, älteren Menschen in der Nachbarschaft mit Einkäufen zu helfen. Das heißt auch, dass man die Hygiene-Regeln und Hinweise des Robert-Koch-Instituts beachten sollte. Und vor allem: Halten Sie einen Abstand von mindestens 1,5 Metern zu anderen, so schwer es auch fällt. Weitere Informationen rund um das Coronavirus sowie zu Unterstützungs- und Hilfsangeboten finden Sie auf der Rückseite des Briefes.

Seien wir solidarisch miteinander. Achten wir in diesen Tagen und Wochen auf uns und unsere Liebsten. Achten wir auf all die, die unsere Hilfe benötigen. Dann habe ich keinen Zweifel, dass wir Berlinerinnen und Berliner diese Krise gemeinsam bewältigen. Es lohnt sich, jetzt gemeinsam zu kämpfen, der Krise zu trotzen und in diesen Tagen und Wochen füreinander da zu sein.

Bleiben Sie gesund,
Ihr

Michael Müller
Regierender Bürgermeister von Berlin

Anfang April kam der erste Brief des Berliner Regierenden Bürgermeisters in alle Haushalte der Stadt, weitere Briefe sollten folgen. Der Politiker rechtfertigte darin vor allem die Maßnahmen und rief zum Durchhalten auf.

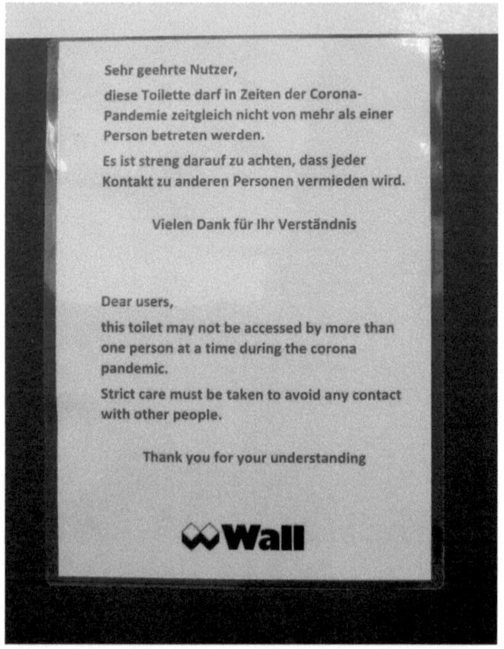

Kaum zu glauben: bislang war es erlaubt und vielleicht auch üblich, die kleinen öffentlichen Stadttoiletten zu zweit aufzusuchen. Damit war jetzt Schluss – nur noch eine Person durfte auf Toilette. Viele andere Toiletten, vor allem an Bahnhöfen und in Einkaufszentren wurden gleich ganz geschlossen, so dass Wildpinkler eine unerfreuliche Begleiterscheinung des Lockdowns wurden.

Bei diesem Büro musste erst ein Termin online vereinbart
werden. Dann musste man klingeln, musste seine Termin-
vereinbarung vorzeigen und wurde einzeln hereingelas-
sen. Nach kurzer Zeit wurden solche komplizierten Zu-
gänge aufgegeben und Läden ganz geschlossen.

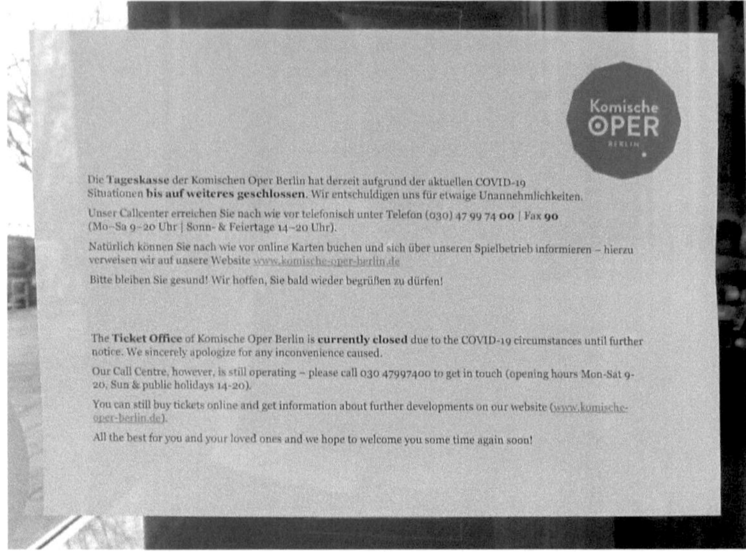

Theater und Opern waren vom Lockdown besonders betroffen, auch Monate nach dem ersten Lockdown waren die Häuser noch geschlossen. Hier war zunächst nur der Ticketvorverkauf geschlossen, man verweist auf Onlinebestellung. Später bewahrheitete es sich jedoch, dass überhaupt keine Veranstaltungen mehr statt fanden, zu denen man online ein Ticket hätte bestellen können.

Musiker und Schauspieler fanden so gut wie keine Alternativen, um ihren Beruf auszuüben. Da viele Selbstständige davon betroffen waren, wurde vom Bund und Land eine Corona-Nothilfe ausgerufen, die zumindest die Existenz sicherte.

Die Supermarktketten merkten bald, dass sich auch mit Corona und vor allem in der Corona-Zeit viel Geld verdienen lässt. Der Straßenrand war gesäumt mit schnell entworfenen Plakaten, wie im Beispiel von der Lebensmittelkette Aldi. Stets wurde darauf hingewiesen, wie die Unternehmen bzw. ihre Mitarbeiter ihren Beitrag leisten würden – in den Medien sprach man von den Corona-Helden, denen hier ein Gesicht gegeben wurde.

Auch die Friseursalons mussten schließen. Nach einigen Wochen war dies deutlich im Straßenbild zu sehen; die Corona-Matte war geboren. Als dann ab dem 19. April die ersten Salons wieder öffneten, musste man im Freien warten, wo lange Schlangen eine Frisur begehrten.

Liebe Hausgemeinschaft:

Sollten Sie zu den Corona-Risikogruppen gehören (hohes Alter, Immunschwäche oder Grunderkrankungen) möchte ich/möchten wir Sie unterstützen, gesund zu bleiben.

Was wir für Sie übernehmen können:
- Einkäufe im Supermarkt, Drogerie oder Apotheke
- andere Besorgungen
- mit dem Hund gehen
- Kinderbetreuung

Wie man uns erreicht:
- Zettel an die Wohnungstür
- Einkaufsliste in den Briefkasten
- telefonisch
- über Nachbarschaftsplattform nebenan.de

Bei Wem?

Name	Briefkasten	Wohnung	Telefonnummer
Familie Fuchs	-	-	+49 173 7960094

Hier tauschen wir Nachbarn uns auch online zum Thema aus.

Auf gute Nachbarschaft!   nebenan.de

Hausgemeinschaften kümmerten sich jetzt um Mitbewohner. Es gab Angebote, wo für ältere oder erkrankte Bewohner die größte Not herrschte: Einkaufen, Behördengänge, Hund ausführen und sogar Betreuung von Kindern.

Kaum ein Bild vermittelt so gut die Gefühlslage jener Tage: kurz und bündig wurde das Ende jeglicher Geschäftstätigkeit mitgeteilt, Ende und Aus, keine Telefonnummern, keine Grüße, keine Informationen.

Die Krankenkassen waren für ihre Kunden vor Ort nicht
mehr erreichbar. Auch über den Lockdown hinaus blieben
die Servicecenter geschlossen, gerade in einer Zeit, in der
Fragen zur Gesundheit die oberste Priorität hatten. Das
Schließen betraf übrigens nicht allein die AOK, sondern
alle Krankenkassen Deutschlands.

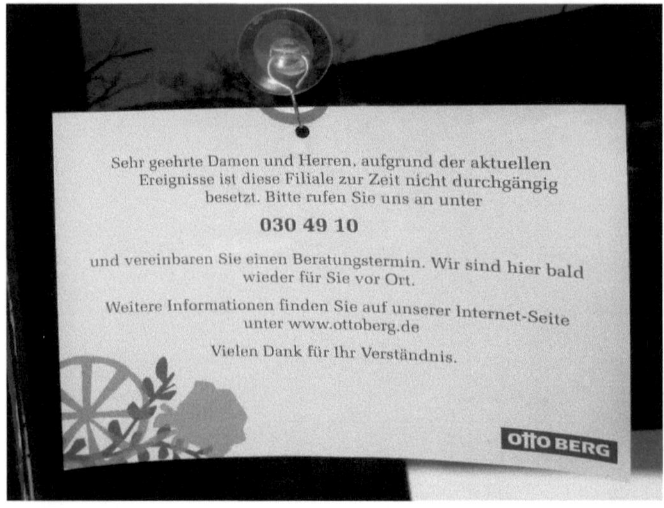

Mit steigender Zahl der Toten wurde auch die Bestattung
dringender, und gerade jetzt machten die Bestatter dicht.
Zwar kam es nicht, wie in Italien, zu einem Engpass bei
Särgen, aber dennoch blieb Trauernden auch in Deutschland überwiegend nur der telefonische Kontakt übrig.

Auch Kitas und Kindergärten schlossen ihre Türen, sehr zum Leidwesen der Eltern. Gerade Familien in kleinen Wohnungen, bei denen jetzt beide Ehepaare zu Hause ihre Zeit verbrachten, erlebten schlimme Tage. Nicht einmal in ein Café oder auf den Spielplatz konnte man ausweichen, da beides geschlossen war.

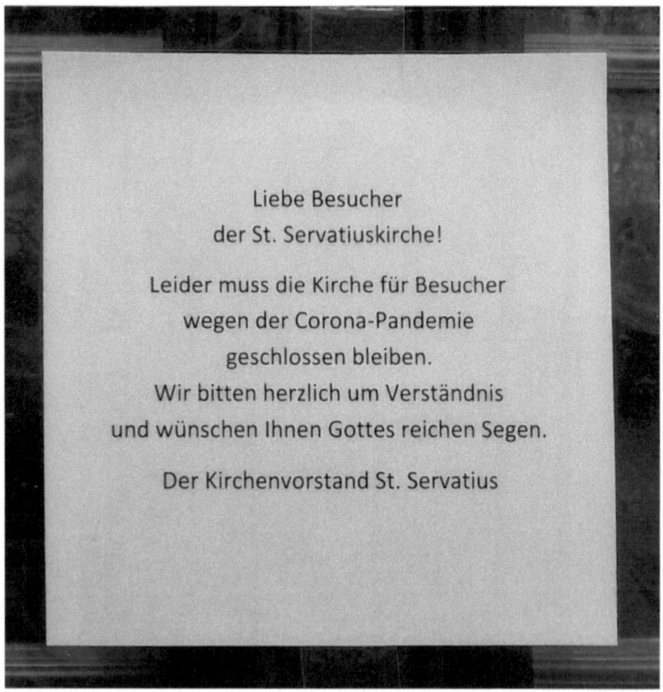

Ein besonderes Problem war für katholische Gläubige das Einhalten der Messe, zu der sie verpflichtet waren. Nun aber gab es sonntäglich keine Möglichkeit mehr dazu. Daher entband der Papst extra per Dekret die Gläubigen vom Besuch der Messe und rief zum stillen Gebet im häuslichen Bereich auf.

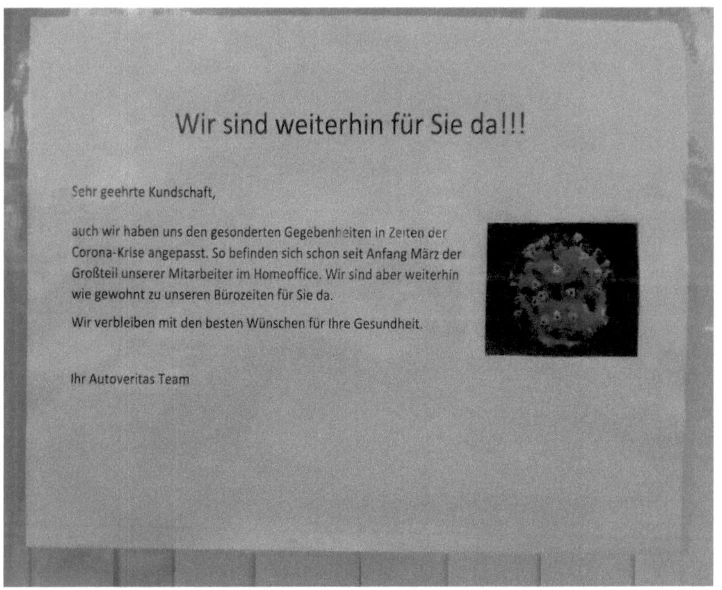

Homeoffice, wie in diesem Fall, ersetzte mehr und mehr den Präsenzarbeitsplatz. Viele Bereiche, die bislang kein Homeoffice kannten, waren nun mit dieser Arbeitsform konfrontiert. Sozialarbeiter, Versicherungsmanager, Reiseveranstalter arbeiteten verstärkt mit Skype, Zoom oder anderen Anbietern von Videokonferenzen. Auch nach dem Ende des ersten Lockdowns blieb das Homeoffice ein großes Thema.

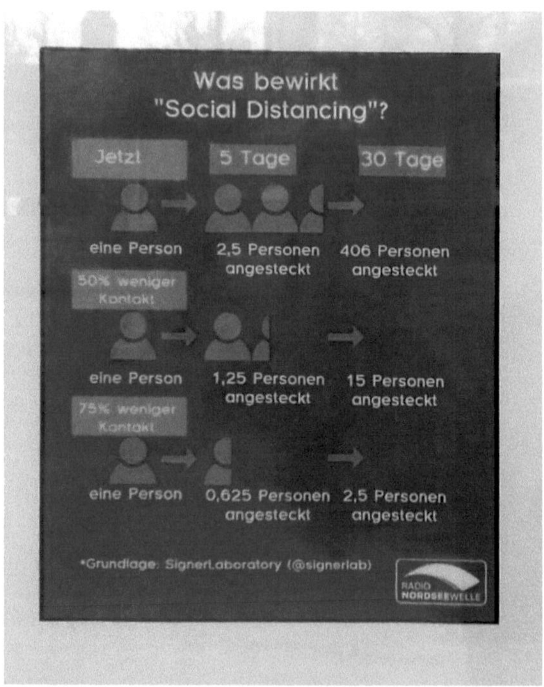

Mit diesem Schaubild klärten Geschäfte auf die positiven
Folgen von Social Distancing auf. Die negativen Folgen
von Social Distancing wurden hingegen nicht themati-
siert: Einsamkeit, Isolation, Deprivationssyndrome, De-
pression und Entfremdung.

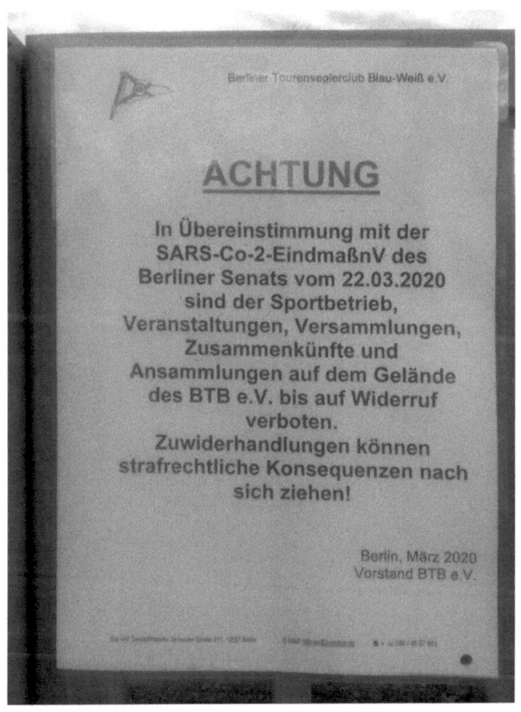

Zeit war bei vielen Bürgern vorhanden, aber sportlichen Aktivitäten waren enge Grenzen gesetzt. Sportvereine mussten ihre Türen schließen, Fitnesscenter waren geschlossen, auch Sportanlagen im Freien mussten dichtmachen. Allein der Individualsport wie Joggen und Fahrradfahren war noch erlaubt, was dann auch ausgiebig gemacht wurde. In Städten wie Köln, Hamburg und Frankfurt am Main hat der Radverkehr spontan um 15 Prozent zugenommen, zusätzliche Radwege mussten angelegt werden.

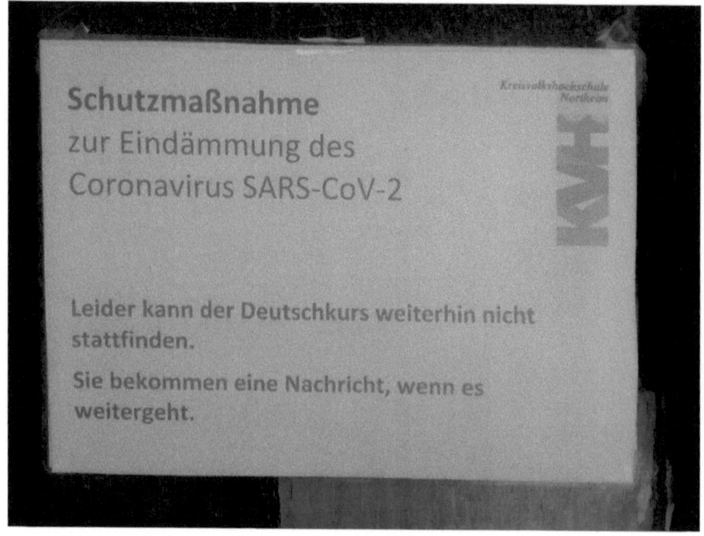

Der gesamte Bildungsbereich musste im Lockdown „her-
untergefahren" werden, wie es damals hieß. Schulen,
Volkshochschulen, Universitäten u.a. mussten schließen.
Bei den Studenten setzte man auf individuelles Lernen mit
Büchern und PC, bei Schülern setzte man auf den Hausun-
terricht.

In Berlin wurden in der ganzen Stadt diese Hinweistafeln aufgestellt. In deutscher, englischer, arabischer, türkischer und russischer Sprache waren hier die wichtigsten Corona-Verhaltens- und Überlebensregeln zusammengefasst.

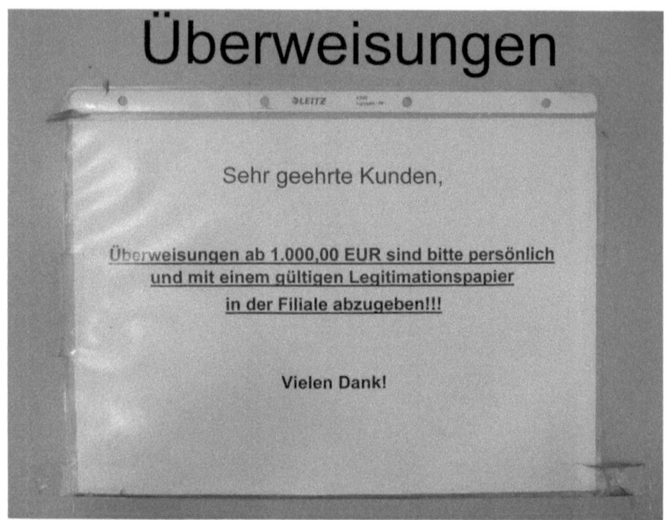

Alle Banken mussten zu Beginn des Lockdowns ihren Publikumsverkehr schließen, der gesamte Zahlungsverkehr sollte online oder über Bankautomaten abgewickelt werden. Ging es um größere Summen wurde es kompliziert: Hier musste schon für eine Überweisung von eintausend Euro ein Termin vereinbart werden.

Viele Behörden hängten, wenn es baulich möglich war, die gesamte Verordnung zur Eindämmung des Coronavirus ins Fenster. Ob Passanten tatsächlich einmal diese langen und komplizierten Texte gelesen haben?

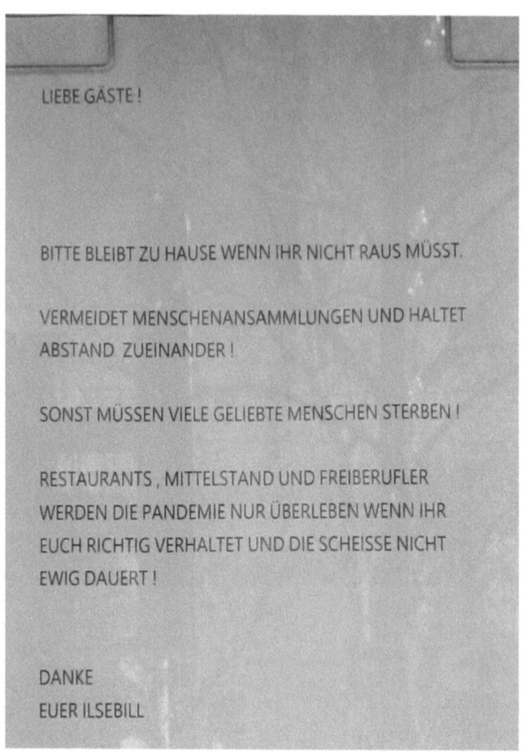

Einzelne Restaurantbesitzer gaben sich besonders besorgt und hängten mitunter drastische Botschaften in ihre Schaufenster. Hier schrieb eine Geschäftsführerin: „Vermeidet Menschenansammlungen und haltet Abstand zueinander. Sonst müssen viele geliebte Menschen sterben!"

Ein Kuriosum des ersten Lockdown war, dass Baumärkte wie Bauhaus, Obi, Toom etc. Dank ihrer starken Lobby bei Politikern geöffnet bleiben durften. Allein personalintensive Zusatzleistungen waren ausgenommen. Noch nie wurde in Deutschland in so vielen Wohnungen und Häusern renoviert und saniert wie im März 2020.

Da das Reisen untersagt war, Grenzen geschlossen wurden und der Busfernverkehr zum Erliegen kam hatte es auch wenig Sinn, Hotels offen zu lassen. Nur einige wenige Häuser blieben für Geschäftsreisen geöffnet, die allermeisten Betriebe schlossen. Da den Hotels oft auch Restaurants angeschlossen waren, waren sie von dieser Maßnahme gleich doppelt betroffen.

Microsoft betrieb an markanten Innenstadtorten einige wenige Läden, wie hier Unter den Linden im Herzen Berlins. Obwohl das Unternehmen während der Pandemie gigantische Gewinne einfuhr, musste es seine Läden zunächst schließen.

Liebe Nutzer*innen der Stadtbibliothek Pankow,

Die Bibliotheken des Verbunds der Öffentlichen Bibliotheken Berlins (VÖBB) schließen ihre Häuser für den Publikumsverkehr ab Freitag, **13.03.2020**.

Die Häuser des VÖBB haben gemeinsam täglich etwa 30.000 Besuche und sind damit ein besonders intensiv genutzter Ort der Begegnung in unserer Stadt. Die Schließungsentscheidung haben wir in Würdigung der derzeitigen Pandemieentwicklung getroffen, um die Ausbreitung des Virus zu hemmen, das Gesundheitssystem vor massiven Belastungen zu bewahren und besonders gefährdete Menschen zu schützen.

Die zurzeit ausgeliehenen Medien werden automatisch verlängert, so dass **keine Mahngebühren** anfallen werden. Sämtliche Veranstaltungen der VÖBB-Bibliotheken fallen ebenfalls aus.

Diese präventive Maßnahme ist zunächst bis voraussichtlich zum **19.04.2020** geplant.

Mit freundlichen Grüßen
Danilo Vetter
Fachbereichsleitung
Stadtbibliothek Pankow

Auch Stadtbibliotheken mussten ihre Pforten schließen. Das war für ärmere Menschen tragisch, die sich hier mit Lesestoff und Filmen versorgten, was gerade jetzt nicht mehr möglich war, als viele so viel Freizeit hatten wie noch nie. Glück hatten die, die sich zuvor noch mit Medien eingedeckt hatten: sie mussten diese erst zum Ende des ersten Lockdowns abgeben

Der große Lockdown 2020

Allein im Jahr 2020 erschienen zwischen März und Dezember über fünftausend Publikationen in deutscher Sprache, darunter Ratgeber, wissenschaftliche Analysen, Tagebücher, Romane und vieles andere in großen Verlagen ebenso wie im Selbstverlag. Niemand kann diese Literaturflut auch nur im Ansatz überblicken. Die zehn Texte, die hier herangezogen wurden und die uneingeschränkt empfohlen werden können, sind:

-Susanne Meinrenken: Das Corona Virus Symptom Tagebuch. Alles, was Sie für die Corona Virus Quarantäne wissen müssen. Mit Ausfüllbögen für die medizinische Selbstbeobachtung, München 2020.
-Corona Fehlalarm? Zahlen, Daten und Hintergründe. Zwischen Panikmache und Wissenschaft: welche Maßnahmen sind im Kampf gegen Virus und COVID-19 sinnvoll? Berlin 2020.
-Hans-Werner Sinn: Der Corona-Schock. Wie die Wirtschaft überlebt, München 2020.
-Gerhard Benigni: CORONA: Zurück in die neue Normalität, Villach 2020.
-Jan Otryśko: Corona-Virus Pandemie 2020. Ein kurzes Tagebuch, Nordhausen 2020.
-Paolo Giordano: In Zeiten der Ansteckung. Wie die Corona-Pandemie unser Leben verändert, Köln 2020.
-Imre Kusztrich, Jan-Dirk Fauteck: In der Corona-Krise Immunkräfte optimieren, Vachendorf 2020.
-Georg Batzing: Corona und die Suche nach der künftig gewesenen Zeit, o.O. 2020.
-Andreas Kümpel: Korona-Krise – Wichtige steuerliche und außersteuerliche Maßnahmen. Inklusive Zweitem Corona-Steuerhilfegesetz (2020), Stuttgart 2020.
-https://de.wikipedia.org/wiki/COVID-19-Pandemie

Erstauflage 2021
ISBN: 9783753406060

Tabelle 1: Zeit, Nr. 53, 17.12.2020, S. 44
Photos: eigene Arbeiten der Verfasser:
Kai M. Staffel, Menzelstrasse 8, 14467 Potsdam

Cover design and Layout:
Leni Waltesdorf, Berlin